이 책의 차례

스스로 만들어 공부하는

한글 낱말 사전

한글 낱말 사전 만들기

① 낱말 카드 뜯어내기

하루한장 낱말 쓰기 학습이 끝나면 낱말 카드를 조심히 뜯어냅니다.

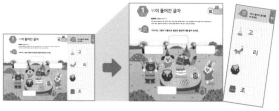

② 한글 낱말 사전 만들기

뜯어낸 낱말 카드를 고리로 묶어 한글 낱말 사전을 만듭니다.

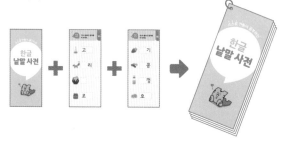

하루한장
한글완성으로
한글 완벽 대비!

이 책의 구성

 본문

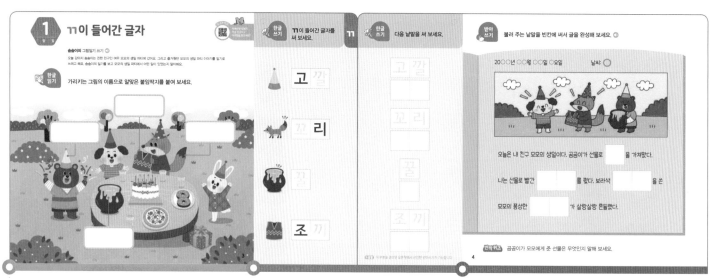

한글 읽기
간단한 문제로 한글 읽기 연습

한글 쓰기
그날의 낱말 또박또박 쓰기 연습

받아쓰기
재미있는 미션을 해결하면서 받아쓰기로 끝!

 되돌아 보기

낱말 복습
놀이를 하며 2~3일 동안 배운 낱말 훑어보기

받아쓰기
불러 주는 낱말 받아쓰기

놀이터
재미있는 놀이로 학습을 즐겁게 마무리!

ㄲ이 들어간 글자

음성과 정답

하루한장 앱에서 학습 인증하고 하루템을 모으세요!

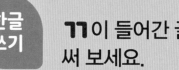

솜솜이의 그림일기 쓰기

오늘 강아지 솜솜이는 친한 친구인 여우 모모의 생일 파티에 갔어요. 그리고 즐거웠던 모모의 생일 파티 이야기를 일기로 쓰려고 해요. 솜솜이의 일기를 보고 모모의 생일 파티에서 어떤 일이 있었는지 알아봐요.

 **한글 읽기**

가리키는 그림의 이름으로 알맞은 붙임딱지를 붙여 보세요.

한글 쓰기 ㄲ이 들어간 글자를 써 보세요.

고깔

꼬리

꿀

조끼

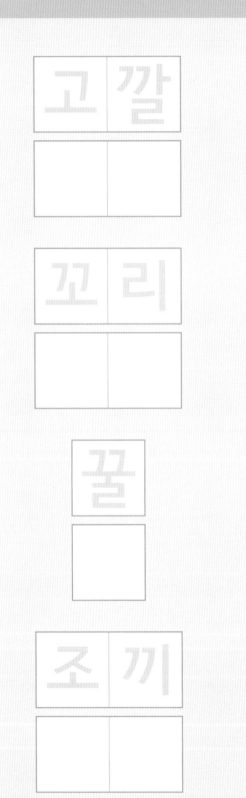

20○○년 ○○월 ○○일 ○요일   날씨: 〇

오늘은 내 친구 모모의 생일이다. 곰곰이가 선물로 □ 을 가져왔다.

나는 선물로 빨간 □□ 를 줬다. 보라색 □□ 을 쓴

모모의 풍성한 □□ 가 살랑살랑 흔들렸다.

반짝퀴즈 곰곰이가 모모에게 준 선물은 무엇인지 말해 보세요.

ㄸ이 들어간 글자

카페의 새로운 메뉴 소개하기

우리 카페에 새로운 메뉴가 나왔어요. 시원한 딸기 주스와 달콤한 호떡이에요. 많은 손님들에게 이 맛있는 메뉴들을 알리고 싶어요. 우리 함께 소개하는 글을 완성해 볼까요?

 **한글 읽기**

가리키는 그림의 이름으로 알맞은 붙임딱지를 붙여 보세요.

ㄸ

한글 쓰기 ㄸ이 들어간 글자를 써 보세요.

  딸기

  땅콩

  뚜껑

  호떡

시원하고 달콤한 여름 특별 메뉴

시원한 [　　] 우유는

[　　] 을 닫고 흔들어서 드세요.

달콤한 [　　] 에는

[　　] 이 듬뿍 들어 있어요!

반짝퀴즈 호떡에는 무엇이 듬뿍 들어 있는지 말해 보세요.

6

ㄲ, ㄸ

음성과 정답

하루한장 앱에서
학습 인증하고
하루템을 모으세요!

도움말 아래의 낱말을 자유롭게 선택하여 오른쪽의 받아쓰기를 진행해 보세요. 오른쪽의 받아쓰기는 뜯어서 사용하세요.

조건에 따라 꽃을 알맞게 색칠하여 꽃밭을 완성해 보세요.

조건

① ㄲ, ㄸ이 모두 들어간 낱말을 찾고, 그 부분을 노란색으로 색칠하세요.

② ㄲ만 들어간 낱말을 찾고, 그 부분을 분홍색으로 색칠하세요.

③ ㄸ만 들어간 낱말을 찾고, 그 부분을 초록색으로 색칠하세요.

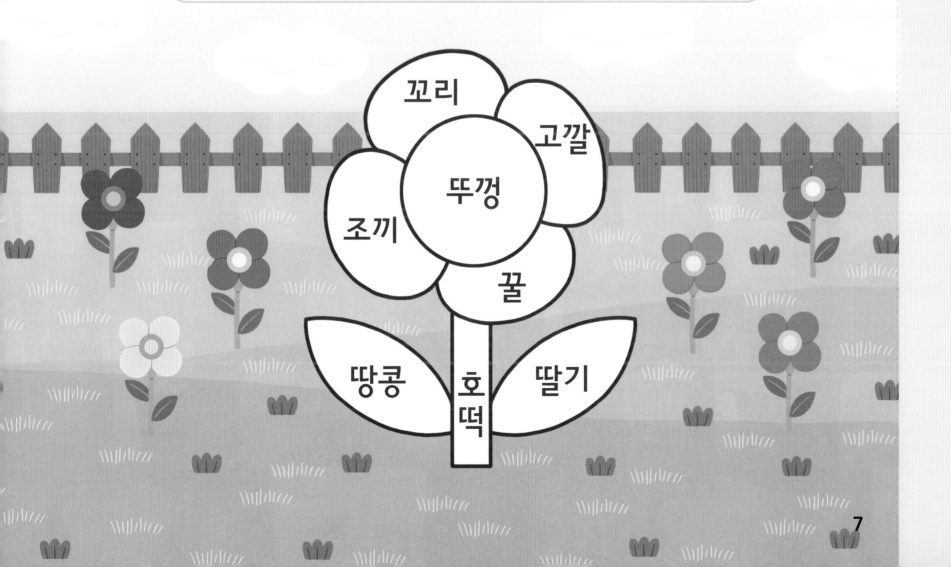

꼬리
고깔
뚜껑
조끼
꿀
땅콩
호떡
딸기

받아쓰기

불러 주는 낱말을 빈칸에 써 보세요.

1

2

3

4

7

5 | | |
6 | | |
7 | | |
8 | | |

두 그림에서 서로 다른 부분을 다섯 군데 찾아 〇표 하세요.

4 ㅃ이 들어간 글자

음성과 정답

하루한장 앱에서 학습 인증하고 하루템을 모으세요!

ㅃ

한글 쓰기

ㅃ이 들어간 글자를 써 보세요.

어린이 기자의 기사 쓰기

대한이는 어린이 기자예요. 오늘은 봄을 맞이하여 공원에 왔어요. 저쪽에 봄 소풍을 나온 가족들이 여럿 보이네요. 그중 한 가족에 대한 이야기를 기사로 썼어요. 기사에 어떤 내용이 실렸는지 한번 살펴봐요.

한글 읽기

가리키는 그림의 이름으로 알맞은 것을 골라 ○표 하세요.

아빠
아까

꼬꼬
뽀뽀

뺨
깜

빵
땅

빵

뺘

 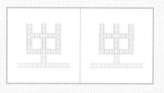

뽀 뽀

아 빠

9

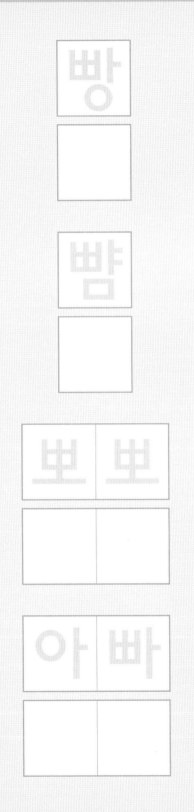

20○○년 ○○월 ○○일

오늘의 이야기

오늘은 봄 소풍을 나온 가족을 만났어요.

⬜⬜ 는 아기에게 ⬜ 을 먹여 주었고,

엄마는 아기의 ⬜ 에 자꾸 ⬜⬜ 를 했어요.

가족들은 공원에서 행복한 시간을 더 보내다 집에 돌아갔어요.

- 김대한 어린이 기자

반짝퀴즈 아빠가 아기에게 먹여 준 음식은 무엇인지 말해 보세요.

ㅆ이 들어간 글자

착한 어린이 대회에서 상장 받기 🔊

미래 마을에서 착한 어린이 대회가 열렸어요. 마을 사람들끼리 이야기한 끝에 어떤 형제가 착한 어린이로 뽑히게 되었어요. 그 형제는 많은 사람들의 축하 속에 상장과 선물을 받았어요. 상장의 내용과 받은 선물은 무엇인지 살펴봐요.

 **한글 읽기**

각 그림에 알맞은 이름을 따라가 보세요.

쌍둥이

짱둥이

따움

싸움

쓰레기

쯔레기

썰매

떨매

도착

출발

미래 마을
착한 어린이 대회

한글 쓰기

ㅆ이 들어간 글자를
써 보세요.

ㅆ

 싸 **움**

 쌍 **둥 이**

 썰 **매**

 쓰 **레 기**

11

싸움

쌍둥이

썰매

쓰레기

착한 어린이상

미래 마을에 사는 　　　　　 형제는

형제간에 　　　을 하지 않았고,

매일 동네의 　　　　도 잘 주웠습니다.

따라서 눈 위에서 신나게 탈 수 있는 　　　와

이 상장을 주어 칭찬합니다.

20○○년 ○○월 ○○일

반짝퀴즈 쌍둥이 형제는 상장과 함께 무엇을 선물로 받았는지 말해 보세요.

12

6
월 일

ㅉ이 들어간 글자

음성과 정답

하루한장 앱에서 학습 인증하고 하루템을 모으세요!

짝꿍과 문자 메시지 하기 🔊

오늘은 누리의 유치원 짝꿍 솔이가 누리네 집에 놀러 왔어요. 솔이는 초대해 준 누리에게 선물과 쪽지를 주었어요.
즐거운 시간을 보내고 솔이가 집에 돌아간 후, 누리와 솔이는 문자 메시지를 주고받았어요. 어떤 내용인지 같이 살펴봐요.

한글 읽기

가리키는 그림의 이름으로 알맞은 붙임딱지를 붙여 보세요.

한글 쓰기 ㅉ이 들어간 글자를 완성하세요.

ㅉ

짜**장 면**

짝**꿍**

쪽**지**

팔찌

13

누리

솔아, 오늘 우리 집에 와 줘서 고마워! 정말 즐거웠어.

네가 선물해 준 ☐☐ 가 마음에 쏙 들어.

☐☐ 도 잘 읽었어.

내 ☐☐ 누리야. 나도 오늘 정말 즐거웠어.

오늘 같이 먹은 ☐☐☐ 도 무척 맛있었어.

내일 유치원에서 만나자! 안녕.

반짝퀴즈 오늘 솔이와 누리가 같이 먹은 음식은 무엇인지 말해 보세요.

14

빠, 쓰, 짜

하루한장 앱에서
학습 인증하고
하루템을 모으세요!

도움말 아래의 낱말을 자유롭게 선택하여 오른쪽의 받아쓰기를 진행해 보세요.

각 자음자가 들어간 길을 따라가면 원하는 동물을 볼 수 있어요. 세 친구는 각각 어떤 동물을 보러 가게 될까요?

받아쓰기

불러 주는 낱말을 빈칸에 써 보세요.

1

2

3

4

5

6			

7			

8			

9			

10			

오늘의 쓰기 실력은?　　부모님의 응원 한마디!

다음 그림에서 숨은 그림 다섯 개를 모두 찾아 ○표 하세요.

은행잎,　하트,　컵,　수박,　붓

16

ㅐ가 들어간 글자

음성과 정답
하루한장 앱에서
학습 인증하고
하루템을 모으세요!

우영이의 여행 계획 세우기 🔊

안녕? 나는 우영이야. 다음 주 주말에 우리 가족은 여행을 떠나기로 했어! 즐겁게 놀고 맛있는 것도 잔뜩 먹고 올 거야.
이번에는 특별히 내가 여행 계획을 세워 보았어. 내가 처음 세운 여행 계획, 얼마나 근사한지 한번 볼래?

 **한글 읽기**

각 그림에 알맞은 이름을 따라가 보세요.

한글 쓰기 ㅐ가 들어간 글자를 써 보세요.

 동 생

 비 행 기

 새 우

 조 개

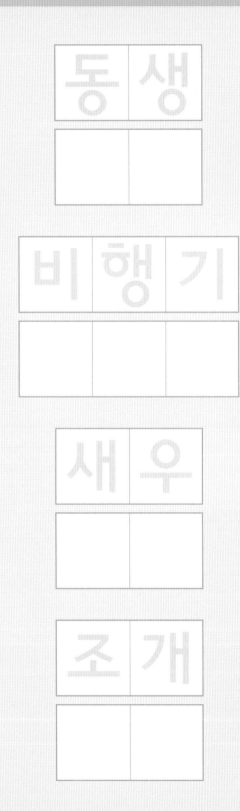

우영이네 가족의 여행 계획

○ 언제 어디로 가요? 다음 주 토요일에 부산으로 가요.

○ 왜 가요? [　　]의 생일을 축하하기 위해서 가요.

○ 어떻게 가요? [　　　]를 타고 가요.

○ 무엇을 할 거예요?

맛있는 [　　]와 [　　] 구이를 먹을 거예요.

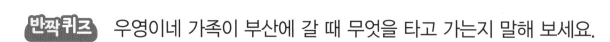 **반짝퀴즈** 우영이네 가족이 부산에 갈 때 무엇을 타고 가는지 말해 보세요.

ㅔ가 들어간 글자

**ㅔ가 들어간 글자를
써 보세요.**

한글
쓰기

ㅔ

키즈 카페의 규칙 알아보기

현이는 친구들과 키즈 카페에 놀러 왔어요. 그런데 키즈 카페에는 지켜야 할 규칙이 있대요. 현이와 친구들이 키즈
카페에서 놀기 위해서는 어떤 규칙을 지켜야 하는지 안내문을 함께 살펴볼까요?

한글
읽기

각 그림에 알맞은 이름을 따라가 보세요.

그네

그내

사인팬   사인펜

체온계

네모

체온계

뉀모

그 네

네 모

사 인 펜

체 온 계

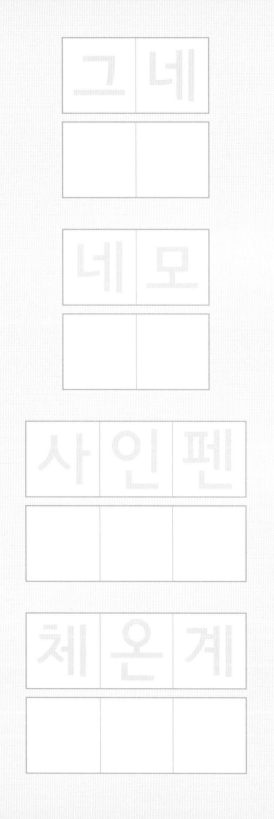

 받아 쓰기 불러 주는 낱말을 빈칸에 써서 글을 완성해 보세요.

이용 안내문

1. 입장 전에는 [   ][   ][   ]로 열이 나는지 확인하세요.

2. 가지고 논 [   ][   ] 블록은 바구니에 정리해 주세요.

3. [   ][   ]는 한 명씩만 탈 수 있어요.

4. [   ][   ][   ]으로 바닥에 낙서를 하면 안 돼요.

반짝퀴즈 키즈 카페의 바닥에 무엇으로 낙서를 하면 안 되는지 말해 보세요.

20

10

ㅚ가 들어간 글자

음성과 정답

하루한장 앱에서 학습 인증하고 하루템을 모으세요!

괴물 나라에서 인간 세계로 돌아가기

친구들 안녕? 나는 윤하야. 낮잠을 자고 일어났는데, 대체 여기는 어디지? 주변에 온통 괴물밖에 없잖아! 내 손에 있는 쪽지에 인간 세계로 돌아가는 방법이 써 있어. 혼자 하려니까 너무 어려워. 집에 빨리 갈 수 있게 너희가 나를 도와줘!

한글 읽기

가리키는 그림의 이름으로 알맞은 것을 골라 ○표 하세요.

| 회색 |
| 화색 |

| 궤물 |
| 괴물 |

| 열쇠 |
| 열쇄 |

| 앤쪽 |
| 왼쪽 |

| 괴 | 물 |

| 열 | 쇠 |

| 왼 | 쪽 |

| 회 | 색 |

다음 낱말을 써 보세요.

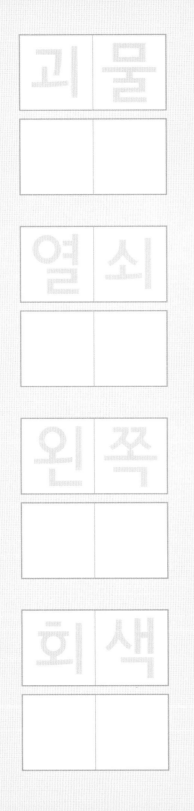

불러 주는 낱말을 빈칸에 써서 글을 완성해 보세요.

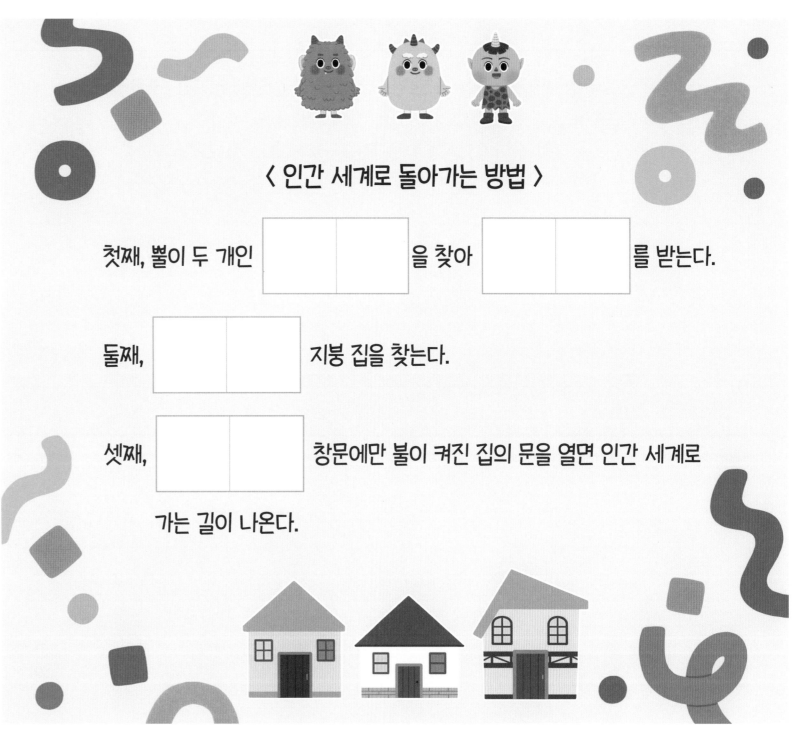

〈 인간 세계로 돌아가는 방법 〉

첫째, 뿔이 두 개인 [   ]을 찾아 [   ]를 받는다.

둘째, [   ] 지붕 집을 찾는다.

셋째, [   ] 창문에만 불이 켜진 집의 문을 열면 인간 세계로

가는 길이 나온다.

반짝퀴즈 인간 세계로 가기 위해 찾아야 하는 괴물과 집을 그림에서 각각 골라 ○표 하세요.

22

도움말 아래의 낱말을 자유롭게 선택하여 오른쪽의 받아쓰기를 진행해 보세요.

음성과 정답
하루한장 앱에서
학습 인증하고
하루템을 모으세요!

각 모음자가 들어 있는 투명 카드 두 장을 겹치면 어떤 모양이 만들어질까요? 보기 처럼 빈 카드에 완성된 모양을 그려 보세요.

보기

ㅐ
조개 　 새우 　 괴물 　➡

ㅐ
비행기 　 동생 　 체온계 　➡

ㅔ
회색 　 그네 　 네모 　➡

ㅚ
열쇠 　 사인펜 　 왼쪽 　➡

받아쓰기

불러 주는 낱말을 빈칸에 써 보세요.

1

2

3

4

5

6

7

8

9

10

즐거운 놀이터

빨간 모자를 쓴 아이가 할머니 댁에 무사히 도착할 수 있게 길을 따라가 보세요.

ㅟ가 들어간 글자

음성과 정답

하루한장 앱에서
학습 인증하고
하루템을 모으세요!

슈퍼 영웅 부엉이 알리기

동물 마을에는 굉장한 방귀를 뀌는 부엉이가 살아요. 부엉이가 방귀를 '뿡' 뀌면 온 마을이 흔들흔들! 부엉이는 멋진
능력으로 많은 친구들을 도와줬어요. 어려움에 처한 친구들이 부엉이를 부를 수 있게, 부엉이를 알리는 글을 써 보아요.

한글 읽기

가리키는 그림의 이름으로 알맞은 붙임딱지를 붙여 보세요.

다 람 쥐

바 위

바 퀴

방 귀

다람쥐

바위

바퀴

방귀

우리 마을 슈퍼 영웅 부옹이

마을 입구에 있는 ☐☐ 사이에

☐☐☐ 의 꼬리가 끼였을 때 부옹이 출동!

☐☐ 를 '뿅' 꿰어서 구해 냈지.

마을버스의 ☐☐ 가 물웅덩이에 빠졌을 때도 부옹이 출동!

'뿅' 한 번으로 친구들을 구해 냈지.

어려운 일에 처했을 때는 슈퍼 영웅 부옹이를 크게 불러 줘!

반짝퀴즈 부옹이는 바위 사이에 어떤 동물의 꼬리가 끼였을 때 출동했는지 말해 보세요.

26

ㅘ가 들어간 글자

음성과 정답

하루한장 앱에서
학습 인증하고
하루템을 모으세요!

유치원 환경 게시판 꾸미기 🔊

오늘은 유치원에서 여러 직업들을 배웠어요. 희망반 친구들은 각자 되고 싶은 직업을 선택해서 환경 게시판을 꾸며
보기로 했어요. 우리 친구들이 어떤 꿈을 가지고 있는지 한번 살펴볼까요?

한글
읽기

가리키는 그림의 이름으로 알맞은 붙임딱지를 붙여 보세요.

한글
쓰기

ㅘ가 들어간 글자를
써 보세요.

ㅘ

 경 찰 관

 과 학 자

 소 방 관

 화 가

경찰관

과학자

소방관

화 가

희 망 반 의 꿈

온이	멋진 그림을 그리는
도유	우리 마을을 지키는
윤아	과학을 연구하는
우진	불이 났을 때 불을 끄는

반짝퀴즈 화가가 되고 싶은 친구는 누구인가요? 친구의 얼굴에 ○표 하세요.

28

ㅝ가 들어간 글자

음성과 정답
하루한장 앱에서 학습 인증하고 하루템을 모으세요!

한글 쓰기 ㅝ가 들어간 글자를 써 보세요.

ㅝ

태권도 대회 결승전 알리기 🔊

이번 주 일요일에 태권도 대회 결승전이 열려요. 결승에 오른 두 친구는 멋진 경기를 위해 지금도 열심히 연습하고 있어요. 많은 동물 친구들이 두 친구의 경기를 볼 수 있도록 결승전을 알리는 글을 함께 써 볼까요?

한글 읽기 각 그림에 알맞은 이름을 따라가 보세요.

결승전

원숭이
원숭이
태권도
유치언
유치원
태관도
꿩
꿩

꿩

원숭이

유 치 원

태 권 도

꿩

원숭이

유치원

태권도

제2회 　　　　대회 결승전

• 장소: 　　　강당

• 시간: 일요일 아침 11시

• 참가 선수

　- 1회의 우승자! 　　　선수

　- 나에게 패배란 없다! 우승 도전 　선수

반짝퀴즈 1회 태권도 대회 우승자는 누구인가요? 그림에서 찾아 ○표 하세요.

30

음성과 정답
하루한장 앱에서
학습 인증하고
하루템을 모으세요!

도움말 아래의 낱말을 자유롭게 선택하여 오른쪽의 받아쓰기를 진행해 보세요.

별이는 신발을 꾸미고 있어요. 각 바구니에 담긴 장식 중, 주황색으로 표시한 모음자가 다른 것 하나만 신발에 달 수 있대요. 별이가 완성한 신발에 ◯표 하세요.

과학자

바위

방귀

화가

소방관

다람쥐

경찰관

꿩

유치원

원숭이

바퀴

태권도

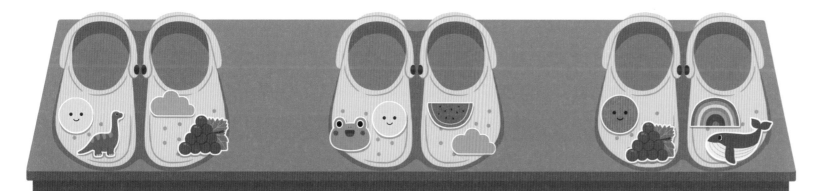

받아쓰기

불러 주는 낱말을 빈칸에 써 보세요.

1

2

3

4

5

즐거운
놀이터

빈 곳에 들어갈 알맞은 조각을 보기 에서 찾아 ○표 하세요.

보기

ㅢ가 들어간 글자

음성과 정답
하루한장 앱에서 학습 인증하고 하루템을 모으세요!

의사 선생님께 감사 편지 쓰기

지난주에 지호는 놀이터에서 넘어져 무릎을 다쳤어요. 피도 많이 나고 아끼던 바지도 찢어져서 지호는 엉엉 울었어요.
병원에 갔더니 의사 선생님이 아프지 않게 치료해 주셨어요. 지호가 의사 선생님께 쓴 감사 편지를 함께 볼까요?

 **한글 읽기** 가리키는 그림의 이름으로 알맞은 것을 골라 ○표 하세요.

의사 / 이사

흰색 / 흰색

줄무늬 / 줄무늬

의자 / 으자

한글 쓰기 ㅢ가 들어간 글자를 써 보세요.

  의 사

  의 자

 줄 무 늬

 흰 색

33

받아 쓰기 불러 주는 낱말을 빈칸에 써서 글을 완성해 보세요.

의 사

의 자

줄 무 늬

흰 색

선생님께

안녕하세요, 선생님. 저는 지호예요. 제 무릎을 치료해 주셔서 고맙습니다.

이제 다 나아서   에 앉아만 있지 않아도 돼요.

찢어졌던   바지도 아빠가 잘 꿰매 줬어요.

저도 크면 선생님처럼   가운을 입고 다친 사람을 돕고 싶어요.

그럼 안녕히 계세요.

지호 올림

반짝퀴즈 의사 선생님은 무슨 색 가운을 입고 있었는지 말해 보세요.

ㅙ, ㅞ가 들어간 글자

보물 찾기를 위한 준비물 확인하기 🔊

아기 돼지 삼 형제는 오래된 지도를 보고 보물을 찾으러 가기로 했어요. 떠나기 전에 탐험에 필요한 준비물을 각자
챙기려고 해요. 공책에 적어 둔 메모를 보고 아기 돼지 삼 형제가 각각 무엇을 가져가야 하는지 한번 살펴볼까요?

한글
읽기

가리키는 그림의 이름으로 알맞은 붙임딱지를 붙여 보세요.

한글
쓰기

**ㅙ, ㅞ가 들어간 글자
를 써 보세요.**

 괭이

 돼지

 스웨터

 횃불

35

받아 쓰기 불러 주는 낱말을 빈칸에 써서 글을 완성해 보세요.

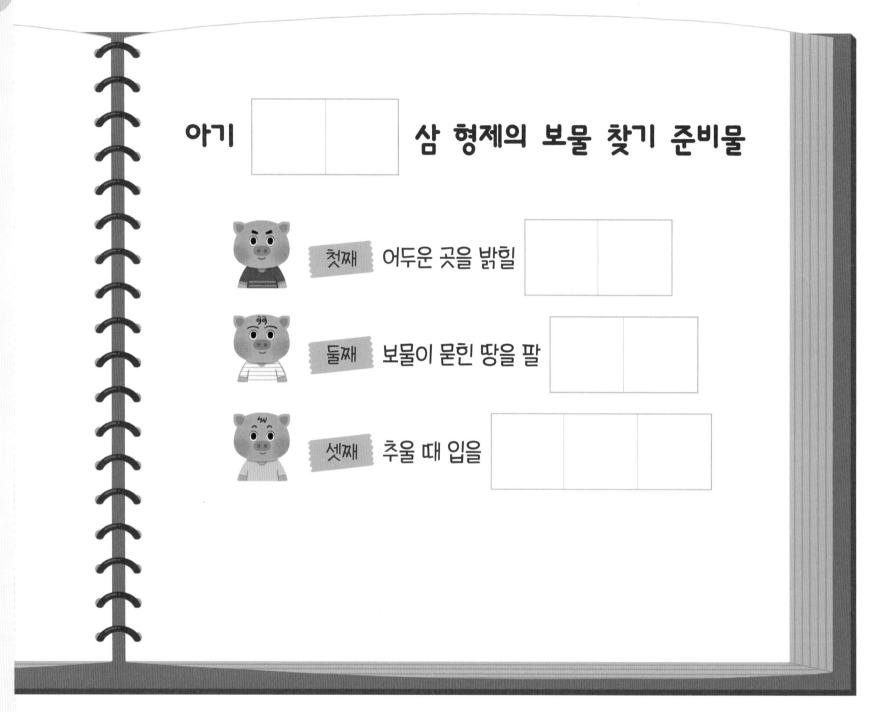

아기 [   ]   삼 형제의 보물 찾기 준비물

첫째 어두운 곳을 밝힐 [   ]

둘째 보물이 묻힌 땅을 팔 [   ]

셋째 추울 때 입을 [   ]

반짝퀴즈 둘째 돼지가 챙겨야 하는 물건은 무엇인지 말해 보세요.

18

ㅒ, ㅖ가 들어간 글자

하루한장 앱에서
학습 인증하고
하루템을 모으세요!

한글 쓰기 ㅒ, ㅖ가 들어간 글자를
써 보세요.

ㅒ
ㅖ

민속촌 소풍 안내하기 🔊

내일은 유치원에서 민속촌으로 소풍을 가는 날이에요. 두근두근! 교실 안에는 친구들의 기대감이 가득해요. 선생님이
민속촌에서 할 일과 소풍에서 지켜야 할 일을 칠판에 적어 주셨어요. 어떤 내용인지 함께 살펴보아요.

한글 읽기 각 그림에 알맞은 이름을 따라가 보세요.

식혜

식해

얘기

서웨

서예

왜기

게단 계단

계 **단**

서 예

식 혜

얘 **기**

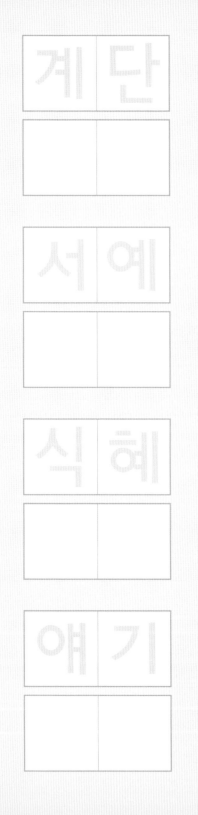

신나는 반

- 민속촌에서 할 일

  - ☐☐ 배우기

  - 간식 먹기: 고소한 인절미, 달콤한 ☐☐

- 소풍에서 지켜야 할 일

  - 버스 안에서 친구와 ☐☐ 할 때는 소곤소곤 말해요.

  - ☐☐ 에서는 뛰지 않아요.

반짝퀴즈 아이들이 민속촌에서 무엇을 배우게 될지 말해 보세요.

되돌아보기

ᅴ, ᅫ, ᅰ, ᅤ, ᅨ

음성과 정답

하루한장 앱에서
학습 인증하고
하루템을 모으세요!

도움말 아래의 낱말을 자유롭게 선택하여 오른쪽의 받아쓰기를 진행해 보세요

각 포장지에는 해당 모음자를 가진 빵만 넣을 수 있어요. 포장지에 들어갈 알맞은 빵을 찾아 선으로 이어 보세요.

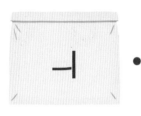 •

의자 줄무늬 흰색 의사

 •

스웨터

 •

괭이 돼지 횃불

 •

얘기

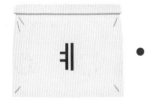 •

계단 식혜 서예

받아쓰기

불러 주는 낱말을 빈칸에 써 보세요.

1

2

3

4

5

39

6

7

8

9

10

가장 위에 있는 그림과 같은 것을 찾아 ○표 하세요.

정답

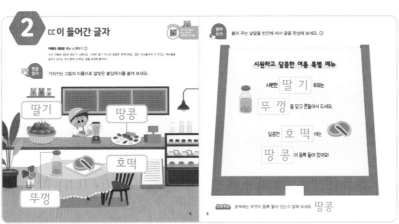

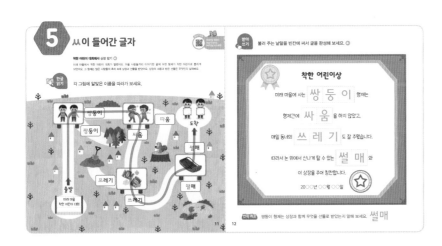

1 ㄲ이 들어간 글자

오늘은 내 친구 모모의 생일이다. 곰곰이가 선물로 꿀을 가져왔다. 나는 선물로 빨간 조끼를 줬다. 보라색 고깔을 쓴 모모의 풍성한 꼬리가 살랑살랑 흔들렸다.

2 ㄸ이 들어간 글자

〈시원하고 달콤한 여름 특별 메뉴〉
시원한 딸기 우유는 뚜껑을 닫고 흔들어서 드세요. 달콤한 호떡에는 땅콩이 듬뿍 들어 있어요!

4 ㅃ이 들어간 글자

〈오늘의 이야기〉
오늘은 봄 소풍을 나온 가족을 만났어요. 아빠는 아기에게 빵을 먹여 주었고, 엄마는 아기의 뺨에 자꾸 뽀뽀를 했어요. 가족들은 공원에서 행복한 시간을 더 보내다 집에 돌아갔어요.

– 김대한 어린이 기자

5 ㅆ이 들어간 글자

〈착한 어린이상〉
미래 마을에 사는 쌍둥이 형제는 형제간에 싸움을 하지 않았고, 매일 동네의 쓰레기도 잘 주웠습니다. 따라서 눈 위에서 신나게 탈 수 있는 썰매와 이 상장을 주어 칭찬합니다.

⑥ ㅉ이 들어간 글자

솔아, 오늘 우리 집에 와 줘서 고마워! 정말 즐거웠어.
네가 선물해 준 팔찌가 마음에 쏙 들어. 쪽지도
잘 읽었어. / 내 짝꿍 누리야. 나도 오늘 정말
즐거웠어. 오늘 같이 먹은 짜장면도 무척 맛있었어.
내일 유치원에서 만나재! 안녕.

⑧ ㅐ가 들어간 글자

〈우영이네 가족의 여행 계획〉

○ 언제 어디로 가요? 다음 주 토요일에 부산으로
　가요.

○ 왜 가요? 동생의 생일을 축하하기 위해서 가요.

○ 어떻게 가요? 비행기를 타고 가요.

○ 무엇을 할 거예요? 맛있는 새우와 조개 구이를
　먹을 거예요.

⑨ ㅔ가 들어간 글자

〈이용 안내문〉

1. 입장 전에는 체온계로 열이 나는지 확인하세요.
2. 가지고 논 네모 블록은 바구니에 정리해 주세요.
3. 그네는 한 명씩만 탈 수 있어요.
4. 사인펜으로 바닥에 낙서를 하면 안 돼요.

⑩ ㅚ가 들어간 글자

〈인간 세계로 돌아가는 방법〉

첫째, 뿔이 두 개인 괴물을 찾아 열쇠를 받는다.
둘째, 회색 지붕 집을 찾는다.
셋째, 왼쪽 창문에만 불이 켜진 집의 문을 열면
　　　인간 세계로 가는 길이 나온다.

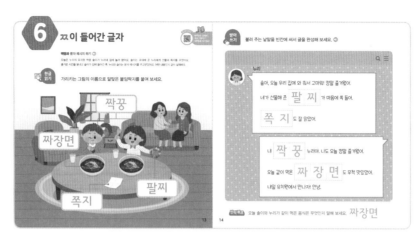

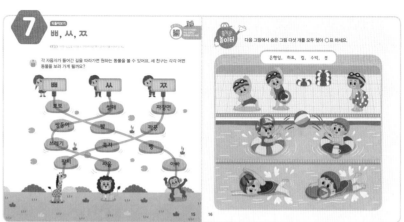

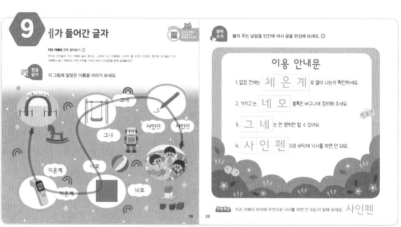

12 ㅟ가 들어간 글자

〈우리 마을 슈퍼 영웅 부옹이〉

마을 입구에 있는 바위 사이에 다람쥐의 꼬리가
끼였을 때 부옹이 출동! 방귀를 '뿡' 뀌어서 구해
냈지. 마을버스의 바퀴가 물웅덩이에 빠졌을
때도 부옹이 출동! '뿡' 한 번으로 친구들을 구해
냈지. 어려운 일에 처했을 때는 슈퍼 영웅 부옹이를
크게 불러 줘!

13 ㅘ가 들어간 글자

〈희망반의 꿈〉

온이: 멋진 그림을 그리는 화가

도유: 우리 마을을 지키는 경찰관

윤아: 과학을 연구하는 과학자

우진: 불이 났을 때 불을 끄는 소방관

14 ㅟ가 들어간 글자

〈제2회 태권도 대회 결승전〉

• 장소: 유치원 강당

• 시간: 일요일 아침 11시

• 참가 선수

    – 1회의 우승자! 원숭이 선수

    – 나에게 패배란 없다! 우승 도전 꿩 선수

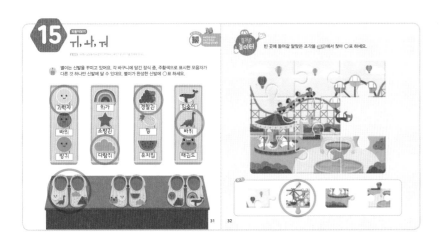

⑯ ㅢ가 들어간 글자

의사 선생님께

안녕하세요, 선생님. 저는 지호예요. 제 무릎을
치료해 주셔서 고맙습니다. 이제 다 나아서 의자에
앉아만 있지 않아도 돼요. 찢어졌던 줄무늬 바지도
아빠가 잘 꿰매 줬어요. 저도 크면 선생님처럼
흰색 가운을 입고 다친 사람을 돕고 싶어요.
그럼 안녕히 계세요.

지호 올림

⑰ ㅙ, ㅞ가 들어간 글자

〈아기 돼지 삼 형제의 보물 찾기 준비물〉

첫째: 어두운 곳을 밝힐 횃불

둘째: 보물이 묻힌 땅을 팔 괭이

셋째: 추울 때 입을 스웨터

⑱ ㅒ, ㅖ가 들어간 글자

• 민속촌에서 할 일

　– 서예 배우기

　– 간식 먹기: 고소한 인절미, 달콤한 식혜

• 소풍에서 지켜야 할 일

　– 버스 안에서 친구와 얘기할 때는 소곤소곤
　　말해요.

　– 계단에서는 뛰지 않아요.

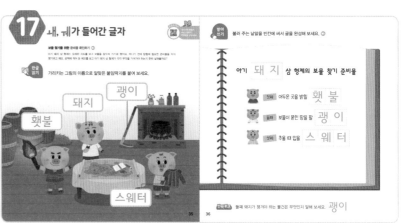

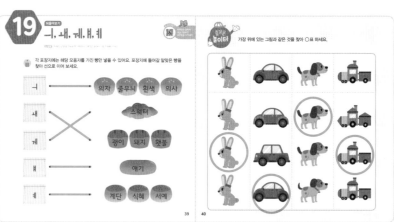

3쪽	5쪽	13쪽	25쪽	27쪽	35쪽
고깔	딸기	짜장면	다람쥐	경찰관	괭이
꼬리	땅콩	짝꿍	바위	과학자	돼지
꿀	뚜껑	쪽지	바퀴	소방관	스웨터
조끼	호떡	팔찌	방귀	화가	햇불

♥ 이름표로 활용하세요.

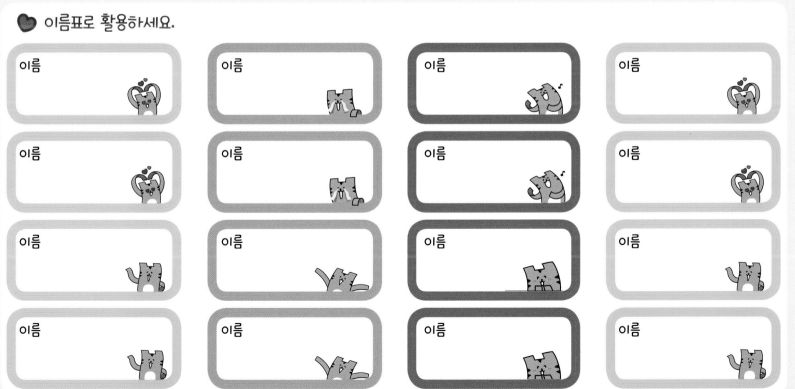

이름 　 이름 　 이름 　 이름

이름 　 이름 　 이름 　 이름

이름 　 이름 　 이름 　 이름

이름 　 이름 　 이름 　 이름

이 책의 차례

스스로 만들어 공부하는

한글 낱말 사전

한글 낱말 사전 만들기

❶ 낱말 카드 뜯어내기

하루한장 낱말 쓰기 학습이 끝나면 낱말 카드를 조심히 뜯어냅니다.

❷ 한글 낱말 사전 만들기

뜯어낸 낱말 카드를 고리로 묶어 한글 낱말 사전을 만듭니다.

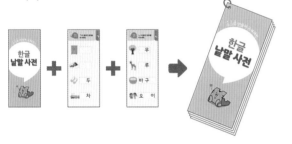

하루한장
한글완성으로
한글 완벽 대비!

이 책의 구성

본문

한글 읽기
간단한 문제로 한글 읽기 연습

한글 쓰기
그날의 낱말 또박또박 쓰기 연습

받아쓰기
재미있는 미션을 해결하면서 받아쓰기로 끝!

되돌아보기

낱말 복습
놀이를 하며 2~4일 동안 배운 낱말 훑어보기

받아쓰기
불러 주는 낱말 받아쓰기

놀이터
재미있는 놀이로 학습을 즐겁게 마무리!

1

ㄱ이 들어간 글자

음성과 정답
하루한장 앱에서 학습 인증하고 하루템을 모으세요!

어린이 나라 소개하기

어른들에게는 보이지 않고 아이들에게만 보이는 신비로운 나라가 있어요. 바로 어린이 나라랍니다. 보름달이 뜬 밤, 기차를 타고 갈 수 있어요. 많은 친구들이 어린이 나라에 올 수 있게 어린이 나라를 소개하는 글을 써 보아요.

 **한글 읽기**

가리키는 그림의 이름으로 알맞은 붙임딱지를 붙여 보세요.

한글 쓰기 ㄱ이 들어간 글자를 써 보세요.

ㄱ

가	구

고	기

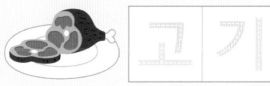

구	두

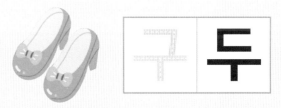

기	차

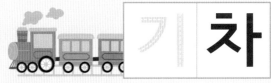

3

가구

고기

구두

기차

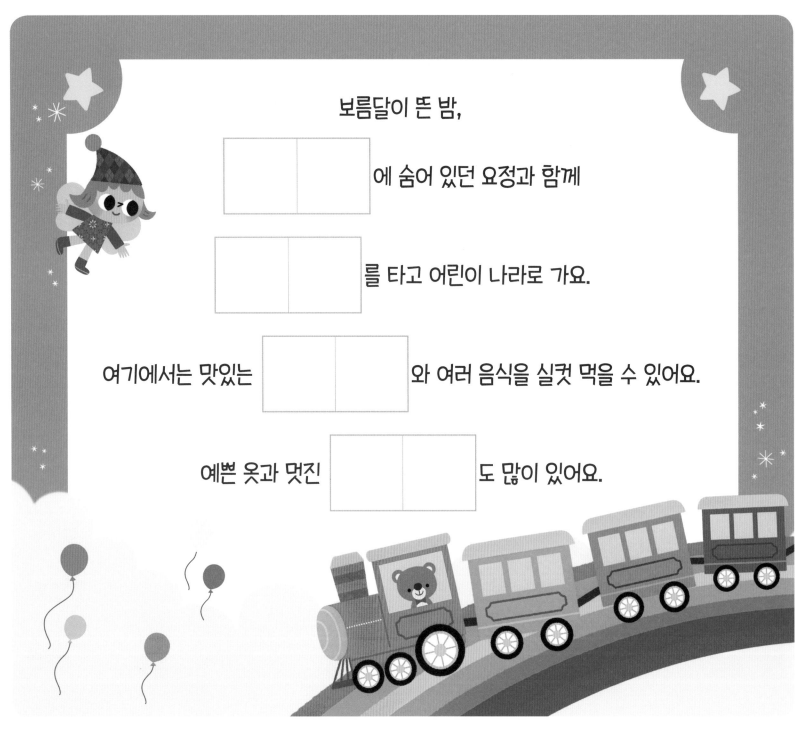

보름달이 뜬 밤,

에 숨어 있던 요정과 함께

를 타고 어린이 나라로 가요.

여기에서는 맛있는   와 여러 음식을 실컷 먹을 수 있어요.

예쁜 옷과 멋진   도 많이 있어요.

반짝퀴즈 요정은 어디에 숨어 있었는지 말해 보세요.

도움말 이 부분을 뜯으면 오른쪽에서 온전한 받아쓰기가 가능합니다.

4

ㄴ이 들어간 글자

음성과 정답

하루한장 앱에서
학습 인증하고
하루템을 모으세요!

한글 쓰기 ㄴ이 들어간 글자를
써 보세요.

ㄴ

소원을 비는 쪽지 쓰기 🔊

깊은 산속에 천 년을 산 아주 오래된 나무가 있어요. 이 나무에 소원을 적어서 걸어 두면 소원이 이루어진대요. 노루는
자신의 다리를 치료해 준 착한 오누이를 위해 소원을 적으려고 해요. 노루가 어떤 소원을 빌었는지 함께 살펴봐요.

한글
읽기

가리키는 그림의 이름으로 알맞은 붙임딱지를 붙여 보세요.

나 무

노 루

바 구 니

오 누 이

5

나 무

노 루

바 구 니

오 누 이

　　　　님, 저는 이 산에 사는 　　　　예요.

마음씨 착한 　　　　가 다친 저를 도와주었어요.

돈이 끊임없이 나오는 마법 　　　　를

그들에게 선물해 주세요.

저의 소원을 꼭 들어주세요.

반짝퀴즈 노루는 오누이에게 무엇이 끊임없이 나오는 바구니를 선물해 주고 싶었나요? 말해 보세요.

6

3

월 일

ㄷ이 들어간 글자

음성과 정답

하루한장 앱에서
학습 인증하고
하루템을 모으세요!

두더지 신랑과 신부의 결혼식 초대하기

두더지 신랑과 신부가 결혼을 해요. 두더지 신랑과 신부는 결혼식에 많은 친구들을 초대하고 싶어요. 그래서 결혼식을
알리는 초대장을 쓰려고 해요. 두더지 신랑과 신부의 친구들이 결혼식에 잘 찾아올 수 있도록 초대장을 완성해 주세요.

한글
읽기

각 그림에 알맞은 이름을 따라가 보세요.

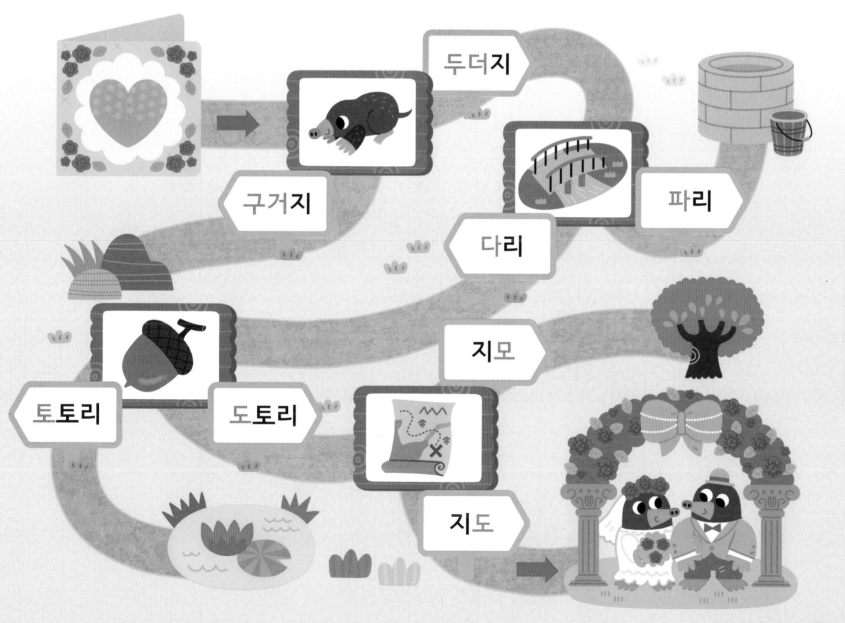

한글
쓰기

ㄷ이 들어간 글자를
써 보세요.

다 리

도 토 리

두 더 지

지 도

7

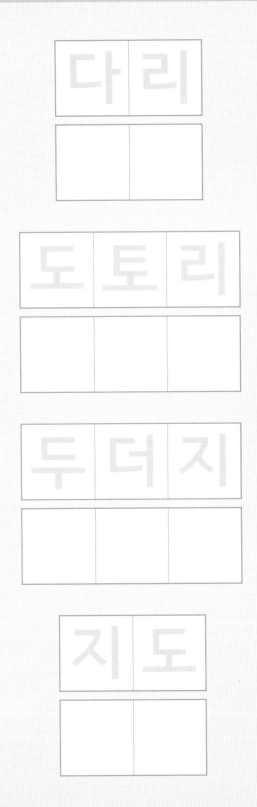

다 리

도 토 리

두 더 지

지 도

신랑과 신부의 결혼식에 초대합니다.

결혼식장은 　　　　 아래에 있어요.

　　　　 로 길을 표시했어요.

　　　 도 있으니 함께 봐 주세요.

반짝퀴즈 결혼식장은 어디 아래에 있는지 말해 보세요.

ㄱ, ㄴ, ㄷ

음성과 정답  하루한장 앱에서 학습 인증하고 하루템을 모으세요!

받아쓰기

도움말 아래의 낱말을 자유롭게 선택하여 오른쪽의 받아쓰기를 진행해 보세요. 오른쪽의 받아쓰기는 뜯어서 사용하세요.

불러 주는 낱말을 빈칸에 써 보세요.

 조건에 따라 알맞은 낱말 칸에 색칠했을 때, 나타나는 자음자에 ○표 하세요.

조건

① ㄱ이 들어간 낱말 칸에 하늘색으로 색칠하세요.
② ㄴ이 들어간 낱말 칸에 하늘색으로 색칠하세요.

가구	고기	구두
나무	다리	도토리
노루	두더지	지도
기차	바구니	오누이

1

2

3

4

5

ㄱ   ㄴ   ㄷ

6			

7			

8			

9			

10			

오늘의 쓰기 실력은?　　부모님의 응원 한마디!

😀　☺　☹

두 그림에서 서로 다른 부분을 다섯 군데 찾아 ○표 하세요.

10

5 ㄹ이 들어간 글자

월 일

음성과 정답

하루한장 앱에서
학습 인증하고
하루템을 모으세요!

쌀가루를 훔친 범인 찾기

마을에 쌀가루 도둑이 나타났어요. 명탐정 로로는 길을 가다가 범인이 도망치는 모습을 보게 되었어요. 로로는 용감하게
사진을 찍고 범인에 대해 메모했어요. 로로의 메모를 읽고 누가 범인인지 함께 찾아보아요.

 **한글 읽기**

가리키는 그림의 이름으로 알맞은 붙임딱지를 붙여 보세요.

한글 쓰기 ㄹ이 들어간 글자를 써 보세요.

 가  루

 도 로

 부 리

 카 메 라

가 루

도 로

부 리

카 메 라

범인은 멋진 [ ] 와 날개가 있어요.

범인은 허겁지겁 도망가다가

[ ] 에 [ ] 를 쏟았어요.

아래의 사진은 범인이 깜짝 놀라서 하늘로 날아가는 모습을

제가 [ ] 로 찍은 거예요.

반짝퀴즈 범인은 누구인가요? 위의 그림에 ○표 하세요.

12

6

월 일

ㅁ이 들어간 글자

마트에서 장 보기 🔊

대한이는 아빠와 마트에 왔어요. 엄마가 쪽지에 적어 준 물건들을 모두 사야 해요. 대한이와 아빠가 무엇을 사야 하는지 같이 살펴볼까요?

 **한글 읽기**

가리키는 그림의 이름으로 알맞은 붙임딱지를 붙여 보세요.

한글 쓰기 ㅁ이 들어간 글자를 써 보세요.

 고 구 마

 다 리 미

 모 자

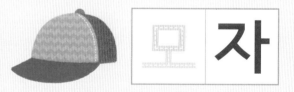 무

13

한글 쓰기 다음 낱말을 써 보세요.

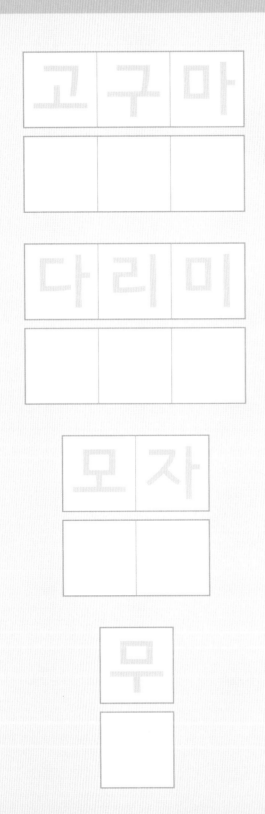

고구마

다리미

모자

무

받아 쓰기 불러 주는 낱말을 빈칸에 써서 글을 완성해 보세요. 🔊

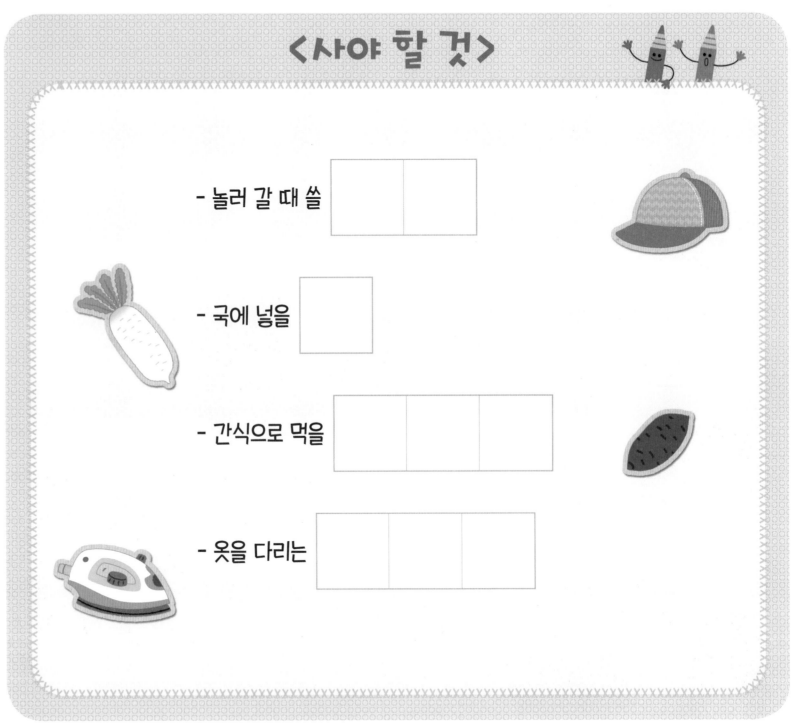

〈사야 할 것〉

- 놀러 갈 때 쓸

- 국에 넣을

- 간식으로 먹을

- 옷을 다리는

반짝퀴즈 간식으로 먹기 위해 사려는 것은 무엇인지 말해 보세요.

14

7
월 일

ㅂ이 들어간 글자

음성과 정답  하루한장 앱에서 학습 인증하고 하루템을 모으세요!

섬에 갇힌 어부의 편지 쓰기

비가 세차게 몰아치던 날이었어요. 거센 빗방울에 물고기를 잡던 어부의 배가 부서지고 말았어요. 어부는 바다에서 헤매다가 모르는 섬에 도착했어요. 이 섬에서 나가고 싶은 어부는 사람들에게 도움을 요청하는 편지를 써서 바다에 띄우기로 했어요.

한글 읽기 가리키는 그림의 이름으로 알맞은 붙임딱지를 붙여 보세요.

한글 쓰기 ㅂ이 들어간 글자를 써 보세요.

ㅂ

  바 다

 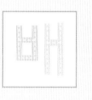 배

 비

  어 부

바 다

배

비

어 부

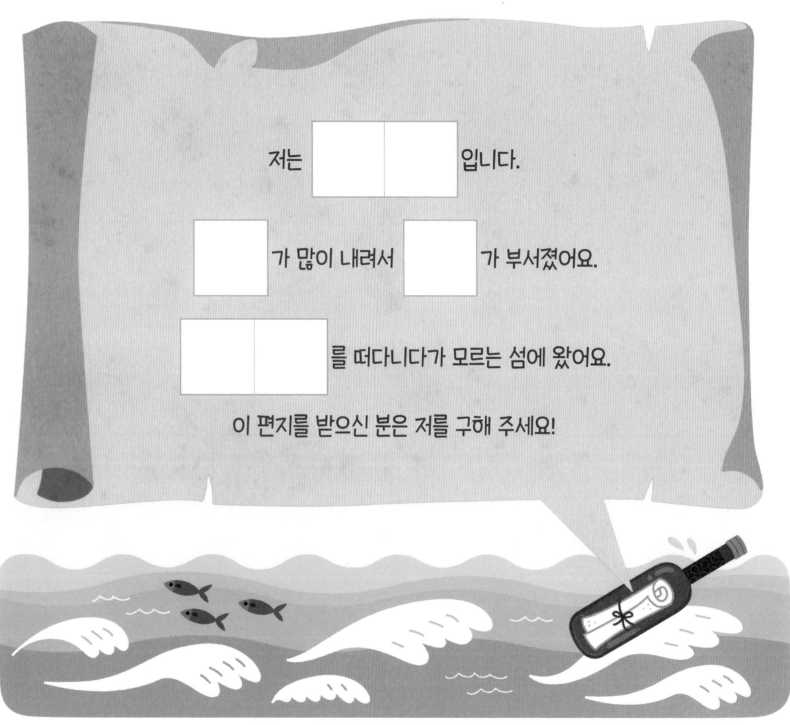

저는 　　　　 입니다.

　　 가 많이 내려서 　　 가 부서졌어요.

　　　　 를 떠다니다가 모르는 섬에 왔어요.

이 편지를 받으신 분은 저를 구해 주세요!

반짝퀴즈 무엇이 많이 내려서 어부의 배가 부서졌는지 말해 보세요.

8

월 일

되돌아보기

ㄹ, ㅁ, ㅂ

도움말 아래의 낱말을 자유롭게 선택하여 오른쪽의 받아쓰기를 진행해 보세요.

음성과 정답
하루한장 앱에서
학습 인증하고
하루템을 모으세요!

 알맞은 문을 열어 이곳에서 탈출해야 해요. 단서를 보고 열어야 할 문에 ○표 하세요.

단서 ㅁ은 없고, ㄹ과 ㅂ은 모두 들어 있는 낱말을 찾아요.

 가루

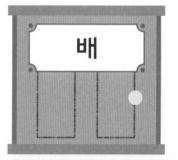 배

 카메라

 바다

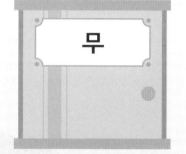 무

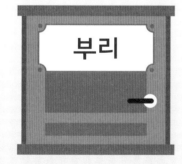 부리

 고구마

 모자

 어부

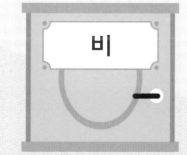 비

 도로

 다리미

받아쓰기

불러 주는 낱말을 빈칸에 써 보세요.

1

2

3

4

5

17

즐거운 **놀이터**

다음 그림에서 숨은 그림 다섯 개를 모두 찾아 ○표 하세요.

사다리, 빵, 연필, 자, 반지

9
월 일

ㅅ이 들어간 글자

음성과 정답

하루한장 앱에서
학습 인증하고
하루템을 모으세요!

왕국 소식 알리기 🔊

어느 왕국에 웃지 않는 공주님이 살았어요. 왕과 왕비는 공주님을 웃기는 사람에게 상금을 주기로 했어요. 많은 사람이 도전했지만 실패했어요. 그런데 어느 요리사가 만든 요리를 먹고 드디어 공주님이 미소를 지었어요. 이 소식을 글로 전해 보아요.

한글 읽기

가리키는 그림의 이름으로 알맞은 붙임딱지를 붙여 보세요.

한글 쓰기

ㅅ이 들어간 글자를 써 보세요.

 미 ㅅ

 소 시 지

 요 리 사

 주 ㅅ

19

미 소

소 시 지

요 리 사

주 스

왕국 소식

는 공주님을 위해 맛있는 요리를 준비했어요.

공주님은 　　　　와 　　　　를 맛본 후,

드디어 　　　　를 지었어요.

반짝퀴즈 공주님은 무엇을 맛본 후 미소를 지었는지 말해 보세요. (정답 2개)

10
월 일

ㅇ이 들어간 글자

음성과 정답

하루한장 앱에서
학습 인증하고
하루템을 모으세요!

우비와 우산 광고 만들기 🔊

여우와 오리는 비가 올 때 사용하는 우비와 우산을 만들고 있어요. 많은 동물 친구들이 우비와 우산을 살 수 있도록
광고를 하려고 해요. 동물 나라에서는 과일이나 채소를 내면 물건을 살 수 있대요. 같이 멋진 광고를 만들어 볼까요?

한글 읽기

가리키는 그림의 이름으로 알맞은 것을 골라 ◯표 하세요.

여우 / 녀누

우비 / 루비

고리 / 오리

오이 / 모미

한글 쓰기 ㅇ이 들어간 글자를 써 보세요.

여 우

오 리

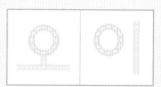
오 이

우 비

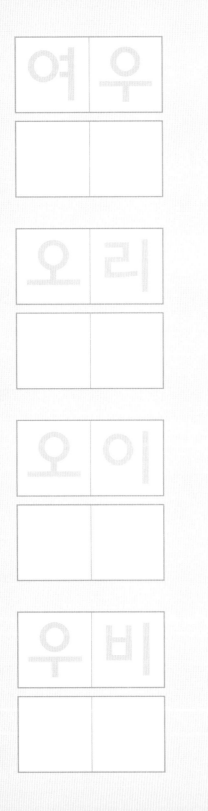

가 입은   는

사과 네 개,

가 쓴 우산은

세 개를 주면 살 수 있어요.

반짝퀴즈 사과 네 개를 주면 살 수 있는 것은 무엇인지 말해 보세요.

22

ㅈ이 들어간 글자

음성과 정답

하루한장 앱에서 학습 인증하고 하루템을 모으세요!

위험에 빠진 지구 구하기 🔊

큰일이야. 지구에 우주 악당들이 쳐들어왔어. 악당들 때문에 지구에 사는 친구들이 많이 다쳤어. 달나라에 사는 자라 의사 선생님에게 도움을 요청하는 편지를 써야 해. 서둘러 줘. 지구가 위험해!

한글 읽기 가리키는 그림의 이름으로 알맞은 붙임딱지를 붙여 보세요.

한글 쓰기 ㅈ이 들어간 글자를 써 보세요.

ㅈ

지 라

자 루

주 사 기

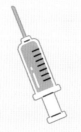

지 구

23

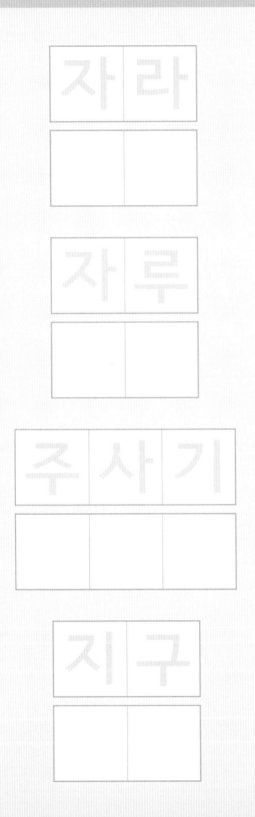

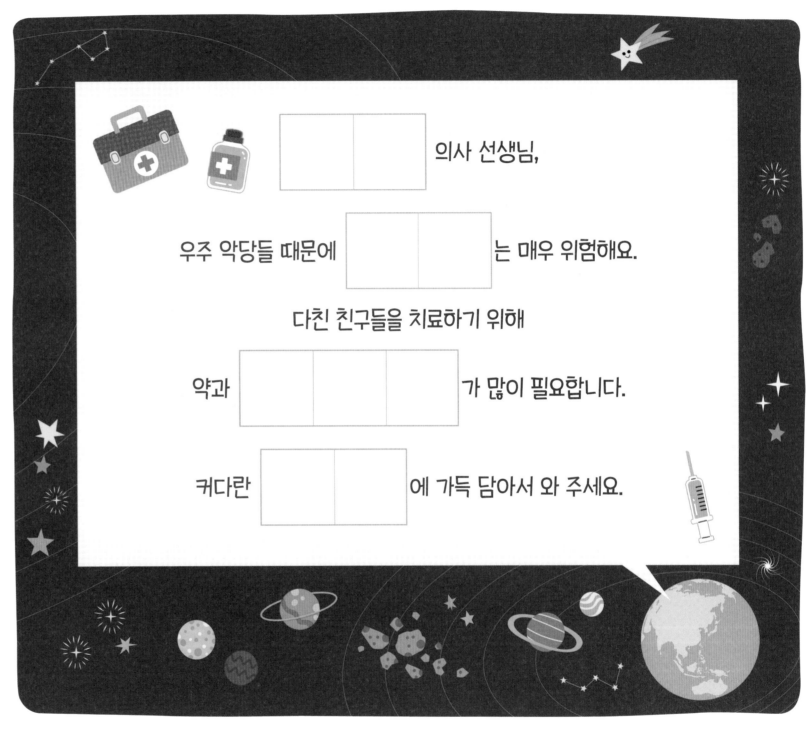

의사 선생님,

우주 악당들 때문에 □□ 는 매우 위험해요.

다친 친구들을 치료하기 위해

약과 □□□ 가 많이 필요합니다.

커다란 □□ 에 가득 담아서 와 주세요.

반짝퀴즈 다친 친구들을 치료하기 위해 약과 무엇이 필요한지 말해 보세요.

24

12
월 일

ㅊ이 들어간 글자

 하루한장 앱에서
학습 인증하고
하루템몰 모으세요!

할머니를 괴롭히는 호랑이 쫓아내기 🔊

어느 날 작은 초가집에 사는 할머니에게 호랑이가 찾아왔어요. 호랑이는 맛있는 밥을 달라고 매일 할머니를 괴롭혔어요.
할머니를 안쓰럽게 생각한 제비가 할머니에게 쪽지를 물어다 줬어요. 제비의 쪽지에는 어떤 내용이 적혀 있을까요?

한글 읽기 각 그림에 알맞은 이름을 따라가 보세요.

치마
기마
고추
고무
도착
출발
토가
초가
처마
저마

한글 쓰기 ㅊ이 들어간 글자를 써 보세요.

 고추

 처마

 초가

 치마

 **받아 쓰기** 불러 주는 낱말을 빈칸에 써서 글을 완성해 보세요. 🔊

고추

처마

초가

치마

저는 ☐☐ 의

☐☐ 밑에 사는 제비예요.

매일 집에 찾아오는 그 호랑이는 매운 것을 아주 싫어해요.

그러니 ☐☐ 를 ☐☐ 속에

숨겨 두었다가 호랑이한테 뿌리세요.

반짝퀴즈 제비가 할머니에게 치마 속에 숨기라고 한 것은 무엇인지 말해 보세요.

26

ㅅ, ㅇ, ㅈ, ㅊ

음성과 정답
하루한장 앱에서
학습 인증하고
하루템을 모으세요!

도움말 아래의 낱말을 자유롭게 선택하여 오른쪽의 받아쓰기를 진행해 보세요.

✏️ 케이크에 적힌 각 자음자가 들어 있는 조각만 먹을 수 있어요. 가장 많이 먹을 수 있는 케이크에 ◯표 하세요.

미소   주스
ㅅ
오리   여우

치마   처마
ㅇ
초가   우비

자라   자루
ㅈ
오이   지구

소시지   요리사
ㅊ
고추   주사기

받아쓰기

불러 주는 낱말을 빈칸에 써 보세요.

1

2

3

4

5

27

6			

7			

8			

9			

10			

즐거운 놀이터 자라 의사 선생님이 지구에 무사히 도착할 수 있게 길을 따라가 보세요.

14

월 · 일

ㅋ이 들어간 글자

음성과 정답

하루한장 앱에서
학습 인증하고
하루템을 모으세요!

마녀 코코의 초대장 쓰기

착한 마녀 코코는 아이들과 재미있게 놀기 위해 예쁜 과자 집을 지었어요. 하지만 아이들은 마녀 코코가 무서워서 과자
집에 놀러 오지 않았어요. 외로운 마녀 코코는 아이들을 초대하기 위해 글을 썼어요. 어떤 내용인지 함께 살펴볼까요?

한글
읽기

가리키는 그림의 이름으로 알맞은 붙임딱지를 붙여 보세요.

29

한글
쓰기

ㅋ이 들어간 글자를
써 보세요.

ㅋ

카 드

케 이 크

코 코 아

쿠 키

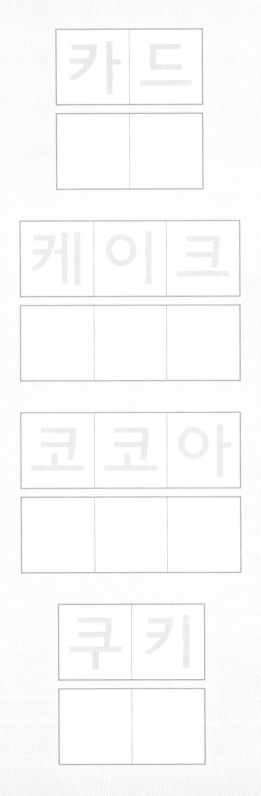

안녕? 나는 착한 마녀 코코야. 내 과자 집에 놀러 와!

과자 집에 붙은 ☐☐ 를 마음껏 먹어도 좋아.

☐☐☐ 와 ☐☐☐ 도 준비했어.

이 ☐☐ 를 가지고 오면

과자 집에 들어올 수 있어.

반짝퀴즈 과자 집에 들어올 때 가지고 와야 하는 것은 무엇인지 말해 보세요.

ㅌ이 들어간 글자

 하루한장 앱에서 학습 인증하고 하루템을 모으세요!

ㅌ

멋진 요트 식당 소개하기 🔊

요리사 시아가 멋진 요트에 식당을 열었어요. 이곳에서는 맛있는 음식을 먹으며 멋진 연주도 들을 수 있지요. 이런 점을 많은 사람들에게 알리고 싶어요. 우리 같이 식당을 소개하는 글을 써 보아요.

 **한글 읽기** 가리키는 그림의 이름으로 알맞은 붙임딱지를 붙여 보세요.

한글 쓰기 ㅌ이 들어간 글자를 써 보세요.

 기 타

 버 터

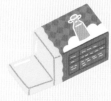 요 트

 토 마 토

31

 **한글 쓰기** 다음 낱말을 써 보세요.

 **받아 쓰기** 불러 주는 낱말을 빈칸에 써서 글을 완성해 보세요. 🔊

기 타

버 터

요 트

토 마 토

우리 식당에는

새콤한 □□□ 파스타와

고소한 □□ 샌드위치가 있어요.

잔잔한 □□ 연주를 들으며

□□ 에서 식사를 즐겨 보세요!

반짝퀴즈 이 식당에서는 어떤 악기의 연주를 들을 수 있는지 말해 보세요.

ㅍ이 들어간 글자

 음성과 정답
하루한장 앱에서 학습 인증하고 하루템을 모으세요!

한글 쓰기 ㅍ이 들어간 글자를 써 보세요.

ㅍ

재원이의 생일 파티 초대장 쓰기 🔊

재원이는 다가올 자신의 생일에 친구들을 초대하려고 해요. 생일 파티를 열어서 함께 맛있는 음식을 나누어 먹고 싶어요.
생일 초대장에 글도 쓰고 예쁜 그림도 그렸어요. 재원이가 초대장을 어떻게 꾸몄는지 함께 살펴볼까요?

한글 읽기 가리키는 그림의 이름으로 알맞은 것을 골라 ○표 하세요.

바티
파티

피자
기자

수크
수프

호도
포도

 수 ㅍ

 ㅍ 티

 ㅍ 도

 ㅍ 자

33

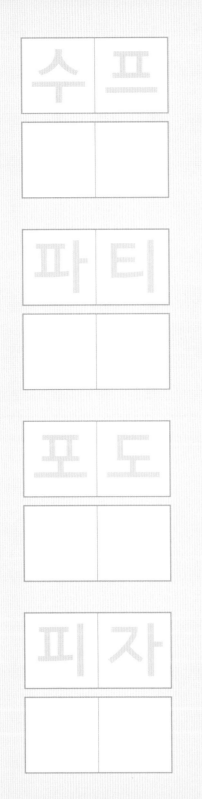

내 생일 [   ]에 초대할게!

고소한 [   ]와 맛있는 [   ]를 함께 먹자.

달콤한 [   ]도 있어.

생일날 기다리고 있을게.

반짝퀴즈 재원이의 생일 파티에서 먹을 수 있는 달콤한 과일은 무엇인지 말해 보세요.

17

월 일

ㅎ이 들어간 글자

음성과 정답

하루한장 앱에서 학습 인증하고 하루템을 모으세요!

보물을 찾는 방법 알기 🔊

나는 최고의 탐험가! 오랜 탐험 끝에 드디어 보물을 찾는 방법이 적힌 종이를 발견했어. 이제 그토록 꿈꾸던 보물을 찾을
수 있을 거야. 자, 나와 같이 보물을 찾으러 가자!

 한글 읽기

각 그림에 알맞은 이름을 따라가 보세요.

한글 쓰기 — ㅎ이 들어간 글자를 써 보세요.

ㅎ

 하 트

 허 리

 호 미

 호 수

35

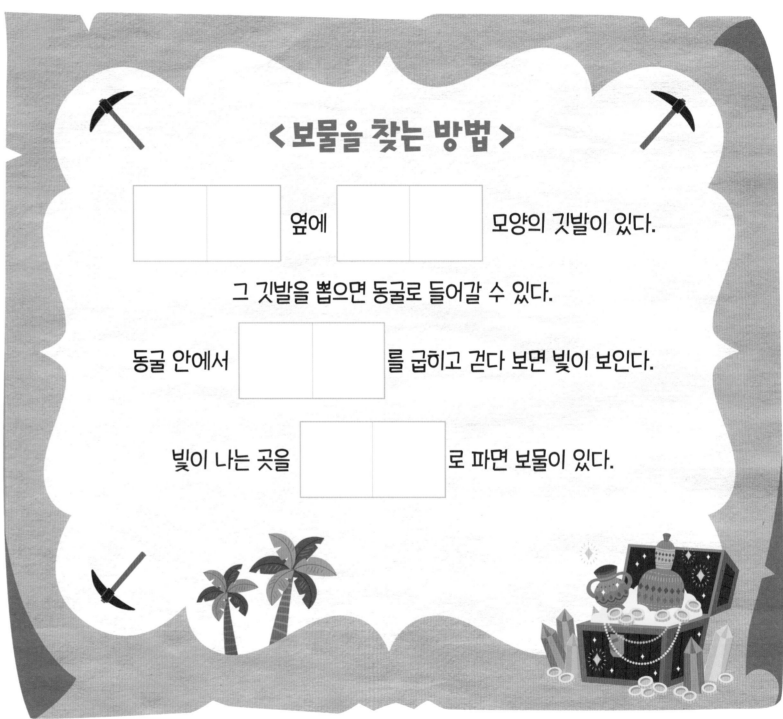

〈보물을 찾는 방법〉

옆에 ⬜⬜ 모양의 깃발이 있다.

그 깃발을 뽑으면 동굴로 들어갈 수 있다.

동굴 안에서 ⬜⬜ 를 굽히고 걷다 보면 빛이 보인다.

빛이 나는 곳을 ⬜⬜ 로 파면 보물이 있다.

반짝퀴즈 동굴에서 빛이 나는 곳을 무엇으로 파면 되는지 말해 보세요.

36

되돌아보기

ㅋ, ㅌ, ㅍ, ㅎ

음성과 정답

하루한장 앱에서
학습 인증하고
하루템을 모으세요!

도움말 아래의 낱말을 자유롭게 선택하여 오른쪽의 받아쓰기를 진행해 보세요

힌트 대로 길을 따라가면 하준이가 사야 하는 물건이 나와요. 물건에 ◯표 하세요.

힌트

ㅋ이 들어간 글자: → 　 ㅌ이 들어간 글자: ← 　 ㅍ이 들어간 글자: ↑ 　 ㅎ이 들어간 글자: ↓

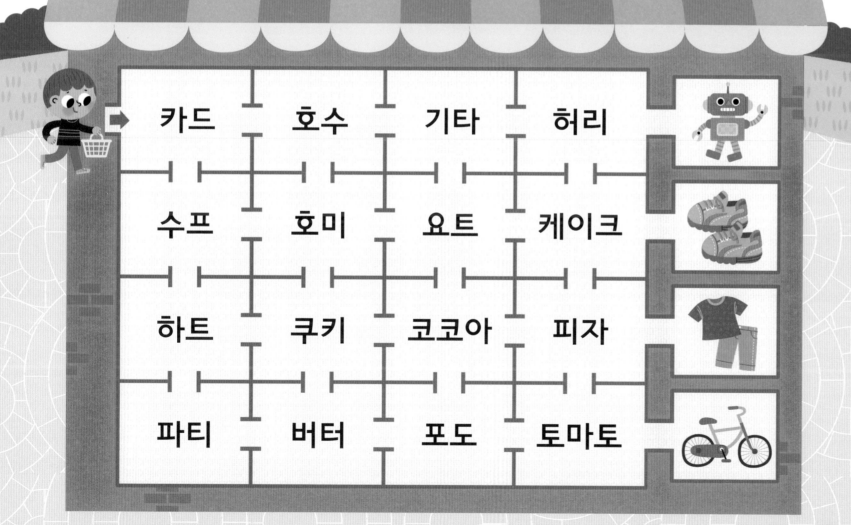

카드	호수	기타	허리
수프	호미	요트	케이크
하트	쿠키	코코아	피자
파티	버터	포도	토마토

받아쓰기

불러 주는 낱말을 빈칸에 써 보세요.

1

2

3

4

5

6			

7			

8			

9			

10			

다음 그림에서 똑같이 생긴 쿠키 두 개를 찾아 ○표 하세요.

ㅏ, ㅑ가 들어간 글자

야구 대회 소식을 전하는 신문 기사 보기 🔊

동물 나라에서 야구 대회가 열렸어요. 오늘은 날개 있는 동물 팀과 날개 없는 동물 팀이 경기를 했네요. 동물 신문사의
나비 기자가 하늘에서 경기를 보고 기사를 썼어요. 기사를 보고 어떤 일이 있었는지 알아볼까요?

 **한글 읽기** 가리키는 그림의 이름으로 알맞은 것을 골라 ○표 하세요.

여구 / 야구

나비 / 누비

수저 / 사자

타조 / 투조

 나비

 사자

 야구

 타조

39

나비

사자

야구

타조

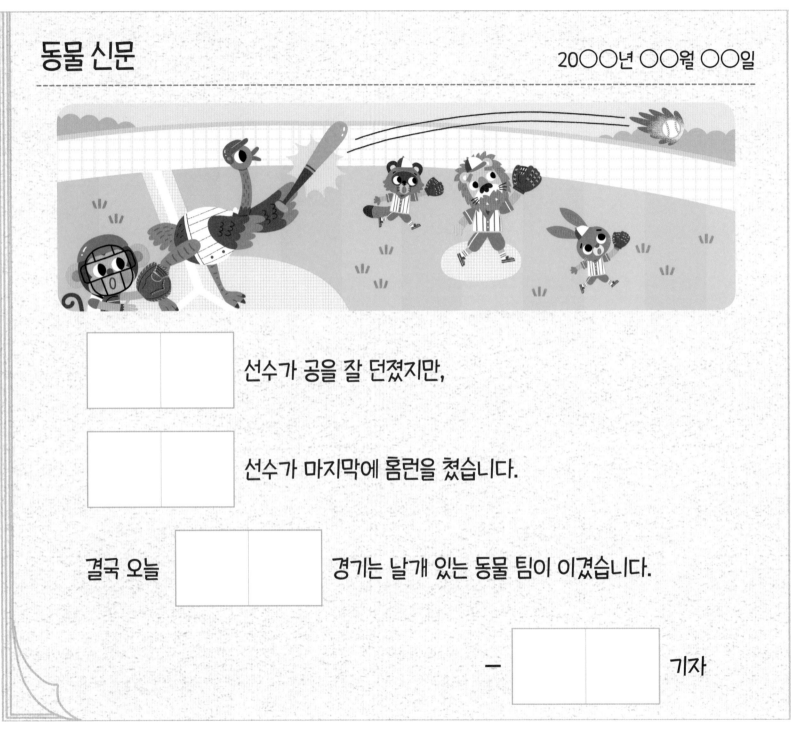

동물 신문
20○○년 ○○월 ○○일

선수가 공을 잘 던졌지만,

선수가 마지막에 홈런을 쳤습니다.

결국 오늘 ☐☐ 경기는 날개 있는 동물 팀이 이겼습니다.

－ ☐☐ 기자

반짝퀴즈 오늘 경기에서 마지막에 홈런을 친 동물은 누구인지 말해 보세요.

40

20 월 일 ㅓ, ㅕ가 들어간 글자

음성과 정답

하루한장 앱에서
학습 인증하고
하루템을 모으세요!

쿠키를 지키는 방법 알리기 🔊

동화 마을에 맛있는 쿠키를 파는 가게가 있어요. 너구리와 기러기는 손님들이 사 가는 쿠키를 빼앗기 위해 늘 주변에서 지켜보고 있답니다. 쿠키 가게에서는 안내판을 세워 손님들에게 쿠키를 빼앗기지 않는 방법을 알리려고 해요.

한글 읽기

가리키는 그림의 이름으로 알맞은 것을 골라 ◯표 하세요.

쿠키 가게

기로기
기러기

효
혀

주머니
주마니

너구리
누구리

한글 쓰기 ㅓ, ㅕ가 들어간 글자를 써 보세요.

ㅓ
ㅕ

기 러 기

너 구 리

주 머 니

혀

41

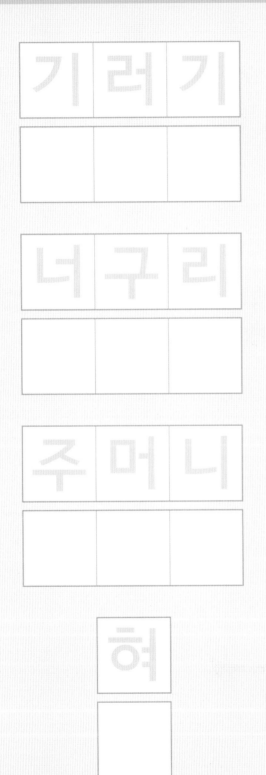

<쿠키를 지키는 방법>

쿠키의 달콤한 냄새 때문에

　　　　 가 다가와 　　 를 날름거릴 수 있고,

　　　　 가 날아가다 쿠키를 낚아챌 수도 있어요.

꼭 　　　　 에 넣고 가세요.

반짝퀴즈 쿠키를 지키기 위해서는 쿠키를 어디에 넣어야 하는지 말해 보세요.

21

월 일

ㅗ, ㅛ가 들어간 글자

음성과 정답

하루한장 앱에서
학습 인증하고
하루템을 모으세요!

한글 쓰기

ㅗ, ㅛ가 들어간
글자를 써 보세요.

마음껏 식당의 표로 식당 이용하기 🔊

마음껏 식당에 표를 내면 음식을 마음껏 먹을 수 있대요. 그리고 작은 선물도 준다고 하네요. 표에 적힌 내용을 보고 어떤
음식을 먹을 수 있는지, 어떤 선물을 받을 수 있는지 한번 알아볼까요?

한글 읽기

각 그림에 알맞은 이름을 따라가 보세요.

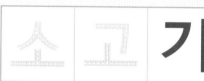 소 고 기

 요 리

 포 크

 표

도착

포크

요리

퍼크

우리

소고기

서구기

파

출발

표

한글 쓰기 다음 낱말을 써 보세요.

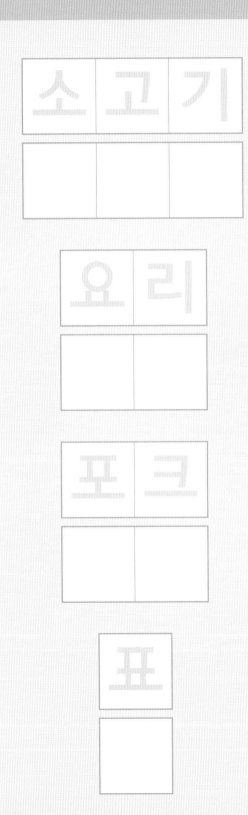

소고기

요리

포크

표

받아 쓰기 불러 주는 낱말을 빈칸에 써서 글을 완성해 보세요.

마음껏 식당에 와서 이 　　　 를 내시면

　　　 로 만든 맛있는 　　　 를

마음껏 드실 수 있습니다.

예쁜 　　　 도 선물로 드려요.

반짝퀴즈 마음껏 식당에 표를 내면 무엇을 선물로 주는지 말해 보세요.

44

음성과 정답

하루한장 앱에서
학습 인증하고
하루템을 모으세요!

도움말 아래의 낱말을 자유롭게 선택하여 오른쪽의 받아쓰기를 진행해 보세요.

뚜껑에 쓰인 모음자가 들어간 간식만 꺼낼 수 있어요. 알맞게 고른 바구니에 ○표 하세요.

ㅏ 사자 기러기
ㅑ 표 야구
ㅓ 타조 너구리
ㅕ 소고기 혀
ㅗ 포크 나비
ㅛ 주머니 요리

받아쓰기

불러 주는 낱말을 빈칸에 써 보세요.

1

2

3

4

5

45

6			

7			

8			

9			

10			

즐거운 놀이터　두 그림에서 서로 다른 부분을 다섯 군데 찾아 ○표 하세요.

ㅜ, ㅠ가 들어간 글자

두루미의 카페 소개하기 🔊

안녕, 나는 두루미야. 내가 마을에 멋진 카페를 열었어. 여러 친구들한테 카페를 소개하고 싶어서 글을 쓰려고 해. 내 카페는
어떤 점이 좋은지 같이 알아볼래?

 **한글
읽기**

가리키는 그림의 이름으로 알맞은 붙임딱지를 붙여 보세요.

**한글
쓰기** ㅜ, ㅠ가 들어간
글자를 써 보세요.

ㅜ
ㅠ

두 루 미

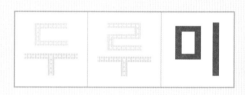

우 유

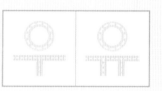

유 리

자 두

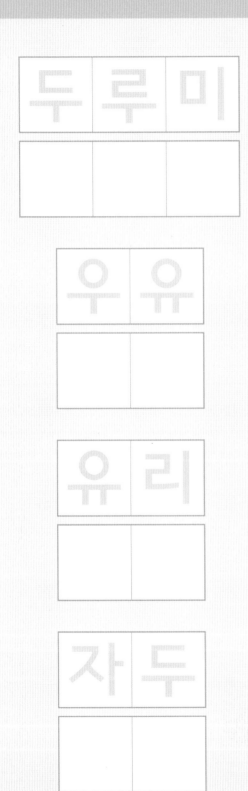

두루미

우유

유리

자두

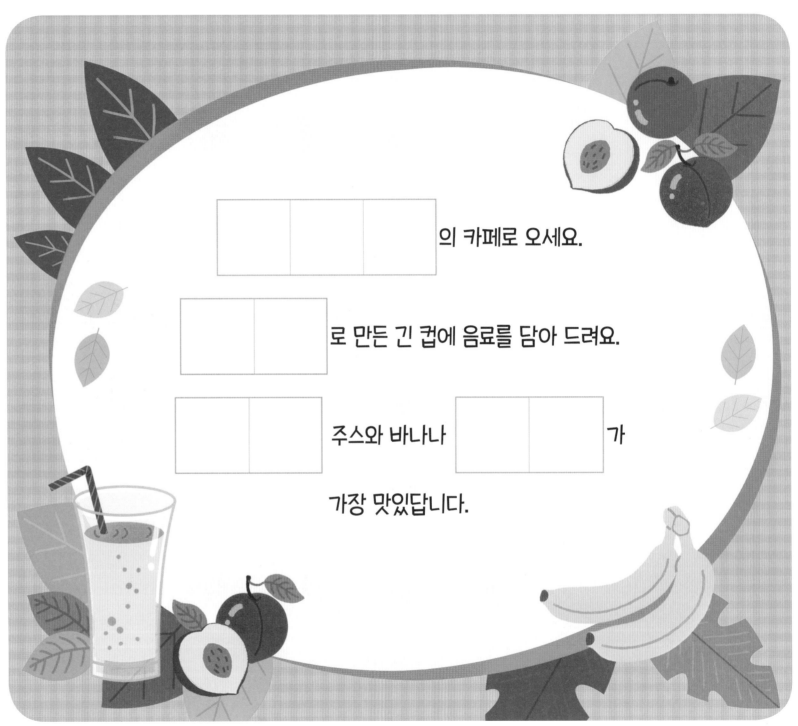

의 카페로 오세요.

로 만든 긴 컵에 음료를 담아 드려요.

주스와 바나나 　　　　가

가장 맛있답니다.

반짝퀴즈 두루미의 카페에서 사용하는 컵은 무엇으로 만들어졌는지 말해 보세요.

24  —, ㅣ가 들어간 글자

하루한장 앱에서
학습 인증하고
하루템을 모으세요!

지안이의 그림일기 쓰기

지안이네 가족이 함께 스키를 타러 갔어요. 하루 종일 무척 즐거운 시간을 보냈답니다. 지안이는 오늘 일을 일기로 남기려고 해요. 일기에 어떤 내용을 담았는지 함께 볼까요?

한글 읽기

각 그림에 알맞은 이름을 따라가 보세요.

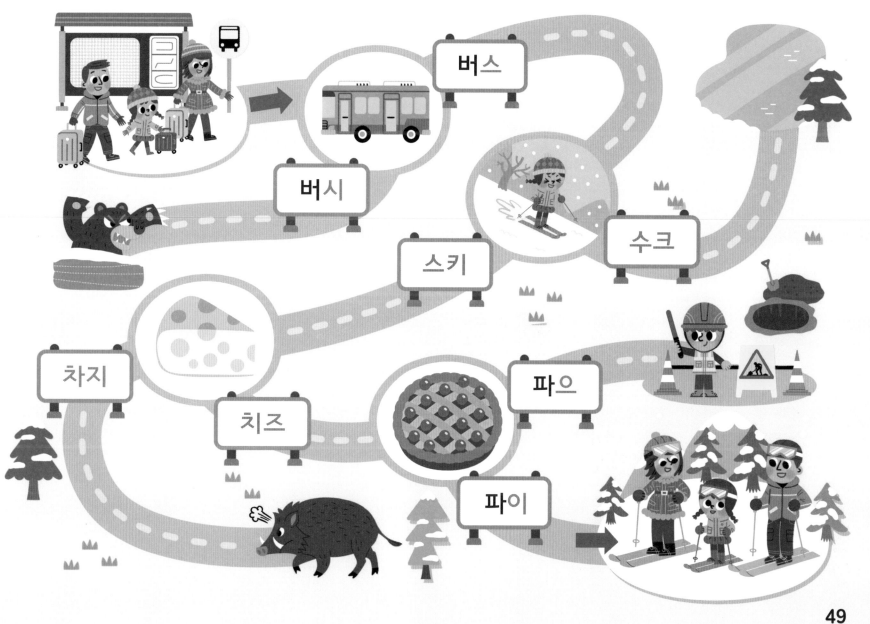

버스

버시

스키

수크

차지

치즈

파으

파이

한글 쓰기

—, ㅣ가 들어간 글자를 써 보세요.

 **버** ㅅ

 ㅅ 키

 지 즈

 **파** 이

49

버	스

스	키

치	즈

파	이

받아 쓰기 불러 주는 낱말을 빈칸에 써서 글을 완성해 보세요. 🔊

20○○년 ○○월 ○○일 ○요일　　　　　　날씨: ⛄

주말에 가족들과 함께 　　　　를 타러 갔다. 무척 재미있었다.

간식으로 먹은 사과 　　　와 　　　도 맛있었다.

집에 오는 　　　를 탔을 때부터 너무 아쉬웠다.

다음번에 또 가고 싶다.

반짝퀴즈 지안이네 가족은 무엇을 타고 집에 왔는지 말해 보세요.

50

ㅜ, ㅠ, ㅡ, ㅣ

도움말 아래의 낱말을 자유롭게 선택하여 오른쪽의 받아쓰기를 진행해 보세요.

 음성과 정답
하루한장 앱에서
학습 인증하고
하루템을 모으세요!

 술래를 찾고 있어요. 다음 힌트 에 따라 술래가 누구인지 찾고 ○표 하세요.

힌트
1 낱말에 ㅜ는 들어 있지 않아요.
2 낱말에 ㅣ는 들어 있지 않아요.

 두루미

 스키

 치즈

  자두

 우유

 유리

 버스

 파이

받아쓰기

불러 주는 낱말을 빈칸에 써 보세요.

1

2

3

4

51

5			

6			

7			

8			

다음 그림에서 숨은 그림 다섯 개를 모두 찾아 ○표 하세요.

밤, 야구공, 돋보기, 못, 다리미

✏️ 받아쓰기 대본

1 ㄱ이 들어간 글자

보름달이 뜬 밤, 가구에 숨어 있던 요정과 함께 기차를 타고 어린이 나라로 가요. 여기에서는 맛있는 고기와 여러 음식을 실컷 먹을 수 있어요. 예쁜 옷과 멋진 구두도 많이 있어요.

2 ㄴ이 들어간 글자

나무님, 저는 이 산에 사는 노루예요. 마음씨 착한 오누이가 다친 저를 도와주었어요. 돈이 끊임없이 나오는 마법 바구니를 그들에게 선물해 주세요. 저의 소원을 꼭 들어주세요.

3 ㄷ이 들어간 글자

두더지 신랑과 신부의 결혼식에 초대합니다. 결혼식장은 다리 아래에 있어요. 도토리로 길을 표시했어요. 지도도 있으니 함께 봐 주세요.

5 ㄹ이 들어간 글자

범인은 멋진 부리와 날개가 있어요. 범인은 허겁지겁 도망가다가 도로에 가루를 쏟았어요. 아래의 사진은 범인이 깜짝 놀라서 하늘로 날아가는 모습을 제가 카메라로 찍은 거예요.

6 ㅁ이 들어간 글자

〈사야 할 것〉

- 놀러 갈 때 쓸 모자 / - 국에 넣을 무

- 간식으로 먹을 고구마 / - 옷을 다리는 다리미

---

1 ㄱ이 들어간 글자

2 ㄴ이 들어간 글자

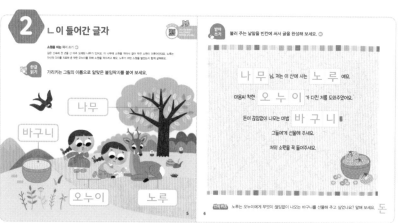

3 ㄷ이 들어간 글자

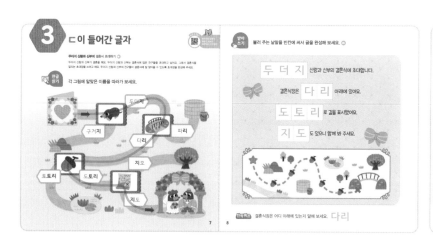

4 ㄱ, ㄴ, ㄷ

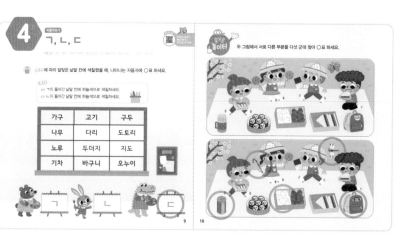

가구	고기	구두
나무	다리	도토리
노루	두더지	지도
기차	바구니	오누이

5 ㄹ이 들어간 글자

6 ㅁ이 들어간 글자

7 ㅂ이 들어간 글자

저는 어부입니다. 비가 많이 내려서 배가 부서졌어요. 바다를 떠다니다가 모르는 섬에 왔어요. 이 편지를 받으신 분은 저를 구해 주세요!

9 ㅅ이 들어간 글자

〈왕국 소식〉
요리사는 공주님을 위해 맛있는 요리를 준비했어요. 공주님은 소시지와 주스를 맛본 후, 드디어 미소를 지었어요.

10 ㅇ이 들어간 글자

여우가 입은 우비는 사과 네 개, 오리가 쓴 우산은 오이 세 개를 주면 살 수 있어요.

11 ㅈ이 들어간 글자

자라 의사 선생님, 우주 악당들 때문에 지구는 매우 위험해요. 다친 친구들을 치료하기 위해 약과 주사기가 많이 필요합니다. 커다란 자루에 가득 담아서 와 주세요.

12 ㅊ이 들어간 글자

저는 초가의 처마 밑에 사는 제비예요. 매일 집에 찾아오는 그 호랑이는 매운 것을 아주 싫어해요. 그러니 고추를 치마 속에 숨겨 두었다가 호랑이한테 뿌리세요.

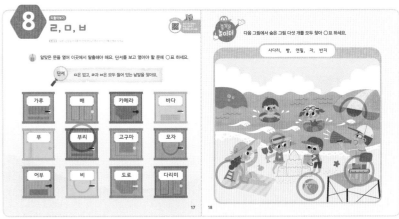

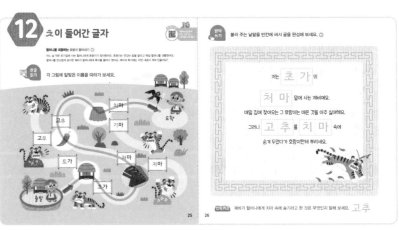

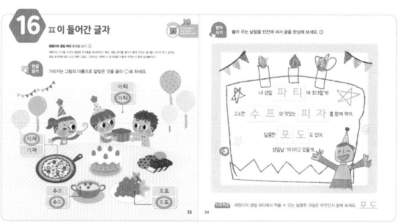

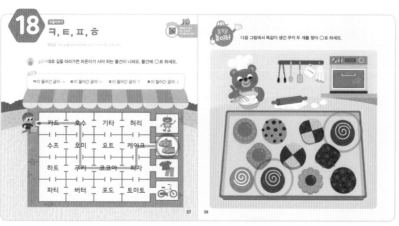

⑭ ㅋ이 들어간 글자

안녕? 나는 착한 마녀 코코야. 내 과자 집에 놀러 와! 과자 집에 붙은 쿠키를 마음껏 먹어도 좋아. 코코아와 케이크도 준비했어. 이 카드를 가지고 오면 과자 집에 들어올 수 있어.

⑮ ㅌ이 들어간 글자

우리 식당에는 새콤한 토마토 파스타와 고소한 버터 샌드위치가 있어요. 잔잔한 기타 연주를 들으며 요트에서 식사를 즐겨 보세요!

⑯ ㅍ이 들어간 글자

내 생일 파티에 초대할게! 고소한 수프와 맛있는 피자를 함께 먹자. 달콤한 포도도 있어. 생일날 기다리고 있을게.

⑰ ㅎ이 들어간 글자

〈보물을 찾는 방법〉
호수 옆에 하트 모양의 깃발이 있다. 그 깃발을 뽑으면 동굴로 들어갈 수 있다. 동굴 안에서 허리를 굽히고 걷다 보면 빛이 보인다. 빛이 나는 곳을 호미로 파면 보물이 있다.

⑲ **ㅏ, ㅑ가 들어간 글자**

사자 선수가 공을 잘 던졌지만, 타조 선수가 마지막에 홈런을 쳤습니다. 결국 오늘 야구 경기는 날개 있는 동물 팀이 이겼습니다.

– 나비 기자

⑳ **ㅓ, ㅕ가 들어간 글자**

〈쿠키를 지키는 방법〉

쿠키의 달콤한 냄새 때문에 너구리가 다가와 혀를 날름거릴 수 있고, 기러기가 날아가다 쿠키를 낚아챌 수도 있어요. 꼭 주머니에 넣고 가세요.

㉑ **ㅗ, ㅛ가 들어간 글자**

마음껏 식당에 와서 이 표를 내시면 소고기로 만든 맛있는 요리를 마음껏 드실 수 있습니다. 예쁜 포크도 선물로 드려요.

㉓ **ㅜ, ㅠ가 들어간 글자**

두루미의 카페로 오세요. 유리로 만든 긴 컵에 음료를 담아 드려요. 자두 주스와 바나나 우유가 가장 맛있답니다.

㉔ **ㅡ, ㅣ가 들어간 글자**

주말에 가족들과 함께 스키를 타러 갔다. 무척 재미있었다. 간식으로 먹은 사과 파이와 치즈도 맛있었다. 집에 오는 버스를 탔을 때부터 너무 아쉬웠다. 다음번에 또 가고 싶다.

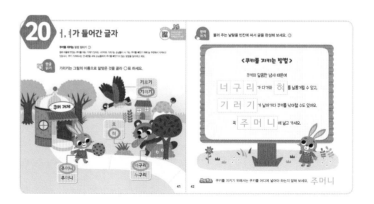

3쪽	5쪽	11쪽	13쪽	15쪽	19쪽
가구	나무	가루	고구마	바다	미소
고기	노루	도로	다리미	배	소시지
구두	바구니	부리	모자	비	요리사
기차	오누이	카메라	무	어부	주스

23쪽	29쪽	31쪽	47쪽
자라	카드	기타	두루미
자루	케이크	버터	우유
주사기	코코아	요트	유리
지구	쿠키	토마토	자두